MARMELADEN & GELEES

Süßer Früchtevorrat im Glas

Autorin: Petra Casparek | Fotos: Anke Schütz

DIE GU-QUALITÄTS-GARANTIE

Wir möchten Ihnen mit den Informationen und Anregungen in diesem Buch das Leben erleichtern und Sie inspirieren, Neues auszuprobieren. Bei jedem unserer Bücher achten wir auf Aktualität und stellen höchste Ansprüche an Inhalt, Optik und Ausstattung. Alle Rezepte und Informationen werden von unseren Autoren gewissenhaft erstellt und von unseren Redakteuren sorgfältig ausgewählt und mehrfach geprüft. Deshalb bieten wir Ihnen eine 100 %ige Qualitätsgarantie.

Darauf können Sie sich verlassen:
Wir legen Wert darauf, dass unsere Kochbücher zuverlässig und inspirierend zugleich sind.
Wir garantieren:
• dreifach getestete Rezepte
• sicheres Gelingen durch Schritt-für-Schritt-Anleitungen und viele nützliche Tipps
• eine authentische Rezept-Fotografie

Wir möchten für Sie immer besser werden:
Sollten wir mit diesem Buch Ihre Erwartungen nicht erfüllen, lassen Sie es uns bitte wissen! Wir tauschen Ihr Buch jederzeit gegen ein gleichwertiges zum gleichen oder ähnlichen Thema um. Nehmen Sie einfach Kontakt zu unserem Leserservice auf. Die Kontaktdaten unseres Leserservice finden Sie am Ende dieses Buches.

GRÄFE UND UNZER VERLAG
Der erste Ratgeberverlag – seit 1722.

KV

INHALT

TIPPS UND EXTRAS

8 FRÜHLINGSBOTEN

COVER-REZEPT

TIPPS UND TRICKS FÜR SCHNELLEN ERFOLG

Marmeladekochen ist kinderleicht! Wer ein paar Grundregeln und Tipps beherzigt, kann sich schon bald köstliche Marmelade aufs Brötchen streichen.

cker und Früchten spielt dabei eine wesentliche Rolle. Wer privat Marmelade kocht, braucht diese komplizierten Bestimmungen zum Glück nicht zu beachten, sondern kann gleich loslegen. In diesem Buch halten wir uns locker an die offiziellen Begriffe, die uns lieb gewordene Bezeichnung »Marmelade« kommt aber immer mal wieder als Oberbegriff zum Einsatz.

ERNTEFRISCH UND VOLLER AROMA

Wenn im Beet die ersten Beeren locken, auf dem Wochenmarkt erntefrische Früchte zu Bergen aufgetürmt zum Einkauf einladen, wenn sich im Garten die Äste biegen von der »Last« der reifen Früchte, ja, spätestens dann ist es höchste Zeit fürs Marmeladekochen. Denn nur aus wirklich erntereifem, aromatischem Obst lassen sich feine Konfitüren und Gelees herstellen. Beim Einkauf unbedingt darauf achten, dass die Früchte nicht angedrückt sind oder womöglich schimmeln, damit die Marmelade nicht verdirbt.

Gut geeignet sind übrigens viele TK-Früchte. Himbeeren, Heidelbeeren oder Sauerkirschen, Johannisbeeren, Stachelbeeren oder Zwetschgen, vollreif und erntefrisch eingefroren, stehen das ganze Jahr über zum Marmeladekochen bereit.

OHNE ZUCKER GEHT'S NICHT

Nur mit Früchten, Zucker und Zitronensaft, das ist die einfachste und ursprünglichste Art, Marmelade zu kochen. In Frankreich, Griechenland und der

MARMELADE, FRUCHTAUFSTRICH, KONFITÜRE? WAS DENN NUN?

Wenn es nach den amtlichen Regeln geht, ist unsere selbst gekochte Marmelade oft ein Fruchtaufstrich oder eine Konfitüre. Denn Marmelade darf sie sich nur nennen, wenn darin Zitrusfrüchte verarbeitet wurden, und zwar die ganzen Früchte – mitsamt Schale, Fruchtfleisch und Saft. Alle anderen Früchte und Beeren landen von Amts wegen als »Konfitüre«, »Konfitüre extra«, »Gelee« oder »Fruchtaufstrich« im Glas, das Verhältnis von Zu-

Türkei werden Marmeladen auch heute noch so zubereitet (siehe S. 24). Ihr Zuckergehalt ist relativ hoch, sie haben eine sirupartige Konsistenz und enthalten kleine Fruchtstückchen.

Bei uns werden Marmeladen mit Gelierzucker gekocht, sie sind dadurch etwas fester. Der handelsübliche Gelierzucker 1:1 enthält Pektin und Zitronensäure zum Andicken. Hierbei rechnet man bei Marmeladen einen Teil Obst auf einen Teil Zucker und bei Gelees oder geleeartigen Konfitüren 750 g Flüssigkeit auf 1 kg Zucker. Gelierzucker 2:1 und 3:1, bei denen weniger Zucker verwendet werden kann, enthalten oft Konservierungsstoffe. Wer auf sie verzichten und dennoch eine relativ zuckerarme Marmelade kochen möchte, wird im Bioladen oder im Reformhaus fündig. Weißer oder brauner Gelierzucker 2:1 enthält dort in der Regel nur Zucker und Pektin, manchmal auch Zitronensäure. Wichtig bei Gelierzuckersorten ohne Zitronensäure: Unbedingt Zitronensaft oder Zitronensäure (aus dem Supermarkt oder etwas günstiger aus der Apotheke) zugeben, sonst wird das Pektin nicht fest. Im Bioladen oder Reformhaus gibt es Konfitürepulver mit Agar-Agar oder Stärke anstelle von Pektin, mit dem man ebenfalls den Zuckergehalt reduzieren kann.

SAUBERE GLÄSER SIND DAS A UND O!

Gläser mit Schraubdeckelverschluss eignen sich perfekt zur Aufbewahrung selbst gekochter Marmelade. Damit ihr Inhalt nicht vorzeitig verdirbt, ist äußerste Hygiene angesagt. Die Gläser mit Essigwasser bedeckt 5 Min. sprudelnd auskochen: Auf 5 Liter Wasser 80 ml Essigessenz mit 25 Prozent Säure geben, das Wasser soll deutlich sauer schmecken. Die Gläser anschließend am besten mit einer Zange aus dem Topf nehmen und umgedreht auf einem sauberen, gebügelten Geschirrtuch abtropfen und trocknen lassen. Die Deckel ebenfalls auskochen und mit einem sterilisierten Geschirrtuch (auf höchster Stufe gebügelt) abtrocknen. Den Gläserrand nach dem Befüllen mit einem eigens hierfür reservierten sauberen Microfasertuch abwischen und den Deckel sofort daraufdrehen. Die Marmeladen erst einmal 5 Min. auf den Deckeln stehend abkühlen lassen, so kann Luft entweichen und ein Vakuum im Glas entstehen. Das Vakuum ist neben dem Zucker für die Haltbarkeit der Marmelade zuständig.

BESCHRIFTEN NICHT VERGESSEN

Versehen Sie grundsätzlich alle Gläser mit einem Etikett, auf dem Sie Haltbarkeit, Fruchtmischung und verwendeten Zucker notieren. Auf diese Weise könen Sie Ihre Bestände ganz leicht im Auge behalten, selbst wenn Sie viel Marmelade kochen.

ZWETSCHGENKONFITÜRE

1,2 kg Zwetschgen | 1 kg Gelierzucker 1:1
Für 9 Gläser à 210 ml | 30 Min. Zubereitung | 12 Std. Ziehen | ca. 1 Jahr haltbar |
Pro 20 g ca. 50 kcal, 0 g E, 0 g F, 12 g KH

1 Die Zwetschgen waschen und halbieren, die Steine entfernen. Die Zwetschgenhälften vierteln und in kleine Stücke schneiden, 1 kg abwiegen.

2 Früchte und Gelierzucker in einen großen Topf geben und verrühren. Mind. 12 Std. (über Nacht) zugedeckt ziehen lassen, bis sich Saft gebildet hat.

3 Die Früchte unter ständigem Rühren zum Kochen bringen und bei mittlerer bis starker Hitze offen 3–4 Min. sprudelnd kochen lassen. Häufig umrühren.

4 Nach 3–4 Min. die Gelierprobe machen (siehe S. 7). Ist die Konfitüre noch flüssig, die Kochzeit um 1–2 Min. verlängern.

5 Die fertige Konfitüre abschäumen. Dazu den Schaum von der Oberfläche mit einem Löffel sorgfältig abnehmen.

6 Konfitüre mit einem Trichter in die Gläser füllen, Ränder säubern. Gläser verschließen, auf den Deckeln stehend 5 Min. abkühlen lassen, dann umdrehen.

MARMELADEN-BASICS

DIE SACHE MIT DEM SCHAUM

Je nach verwendeter Obstsorte bildet sich beim Einkochen Schaum an der Oberfläche der Konfitüre. Je länger sie kocht, umso kompakter wird der Schaum, bis er sich in der Mitte teilt und die klar gewordene Konfitüre zeigt. Der sehr kompakte, »speckige« Schaum liegt um die Öffnung herum und hat sich am Topfrand abgesetzt. Er hat auch kleinste Schwebstoffe und Verunreinigungen aufgenommen, die dann beim Abschäumen mit dem Schaumlöffel von der Konfitüren-Oberfläche geschöpft und entfernt werden.

Bleibt der Schaum in der Konfitüre, ist das nicht nur ein optischer Makel, der Schaum lässt die Konfitüre auch schneller verderben. Daher immer erst nach dem Abschäumen Vanillemark, Kräuter oder sonstige feine Zugaben in die Konfitüre rühren, denn auch sie setzen sich gerne im Schaum ab und sollten nicht mit abgeschöpft werden.

DIE GELIERPROBE

Um zu prüfen, ob Konfitüre und Gelee die richtige Konsistenz erreicht haben, macht man die Gelierprobe. Dafür einige Stunden zuvor einen kleinen Teller ins Gefrierfach stellen. Nach Ablauf der Kochzeit 1 TL Konfitüre auf den eiskalten Teller geben. Wird die Konfitüre rasch fest, ist sie genau richtig und kann abgefüllt werden.

Ist die Konfitüre noch zu flüssig, können Sie noch etwas Zucker zugeben, aber bitte nicht mehr als 10 Prozent der verwendeten Menge. Den Zucker in einem dünnen Strahl mit dem Schneebesen einrühren, damit er nicht klumpt. Die Konfitüre anschließend nochmals 2–3 Min. kochen. Zu dick geratene Konfitüre mit etwas Fruchtsaft oder Wasser verdünnen. Vorsicht: oft reichen 50 ml. Auch hier erneut 2–3 Min. sprudelnd kochen lassen.

RICHTIGE AUFBEWAHRUNG

Konfitüren und Gelees, die 1:1 mit Gelierzucker hergestellt wurden, halten sich verschlossen an einem dunklen, nicht zu warmen Ort 1–2 Jahre. Konfitüren mit Gelierzucker 2:1 oder 3:1 halten sich nur etwa 1 Jahr, besonders, wenn sie mit Gelierzucker ohne Konservierungsstoffe hergestellt wurden. Fruchtaufstriche mit leicht verderblichen Zutaten wie Nüssen, Butter, Eiern, rasch verbrauchen. Generell gilt für alle Varianten: Ist das Konfitüreglas einmal angebrochen, sollte es im Kühlschrank aufbewahrt und sein Inhalt alsbald verbraucht werden.

FRÜHLINGSBOTEN

Mit duftenden Holunderblüten, frischem Rhabarber und saftigen Erdbeeren starten wir beherzt ins Marmeladenjahr. Wunderbar pur oder raffiniert kombiniert mit Tahiti-Vanille, Rosenblütenblättern und Minze versüßen uns die herrlichen Marmeladen aus diesem Kapitel so manchen regnerischen Tag.

HOLUNDERBLÜTENGELEE

Endlich Frühling! Den Saisonauftakt machen Anfang Juni die Holunderbüsche mit ihren herrlich duftenden Blüten. Im Gelee bleiben sie viele Wochen haltbar.

24 Holunderblütendolden
350 ml Riesling
750 ml naturtrüber Apfelsaft
1,5 kg Gelierzucker 1:1

Zartes Aromawunder

Für 9 Gläser à 210 ml |
45 Min. Zubereitung |
24 Std. Ziehen |
2 Std. Abtropfen |
ca. 1 Jahr haltbar |
Pro 20 g ca. 70 kcal,
0 g E, 0 g F, 17 g KH

1 Die Holunderblütendolden vorsichtig abschütteln, um alle Tierchen zu entfernen, und in eine große Schüssel legen. Den Wein und den Apfelsaft darübergießen. Die Schüssel mit einem sauberen Geschirrtuch bedecken und die Holunderblüten 24 Std. durchziehen lassen.

2 Ein feinmaschiges Sieb mit einem sauberen Geschirrtuch auslegen und über eine Schüssel hängen. Die Holunderblüten mit der Flüssigkeit in das Sieb gießen und mindestens 2 Std. abtropfen lassen. Die Blüten wegwerfen.

3 Vom Holunderblütensud 1 050 ml abmessen. Die Flüssigkeit mit dem Gelierzucker in einen großen Topf geben. Alles unter gelegentlichem Rühren bei starker Hitze zum Kochen bringen. Die Hitze etwas reduzieren und das Gelee 5 Min. sprudelnd kochen lassen, bis es klar wird.

4 Das Gelee sehr gründlich abschäumen. Für die Gelierprobe 1 TL Gelee auf einen eiskalten Teller geben. Wird das Gelee innerhalb kurzer Zeit fest, ist es fertig. Das Gelee kochend heiß in die vorbereiteten Gläser füllen. Gläser sofort verschließen, auf den Deckeln stehend 5 Min. abkühlen lassen, dann umdrehen.

TIPP Sehr schön im Gelee machen sich zarte Holunderblüten. Damit sie beim Abkühlen nicht an die Oberfläche steigen, die Gläser so lange auf den Deckeln stehen lassen, bis das Gelee anfängt fest zu werden. Erst dann vorsichtig umdrehen, damit die Holunderblüten sich schön im Glas verteilen.

ERDBEERKONFITÜRE MIT TAHITI-VANILLE

1,1 kg Erdbeeren | 1 Zitrone | 500 g Gelier-
zucker 2:1 | 1 Tahiti-Vanilleschote (Internet)

Kinderliebling

Für 7 Gläser à 210 ml | 45 Min. Zubereitung |
12 Std. Ziehen | ca. 1 Jahr haltbar
Pro 20 g ca. 30 kcal, 0 g E, 0 g F, 7 g KH

1 Die Erdbeeren vorsichtig waschen, Kelchblätter
entfernen und die Früchte in kleine Stücke schneiden. 1 kg abwiegen. Die Zitrone halbieren und auspressen. Erdbeerstücke, Zitronensaft und Gelierzucker in einen großen Topf geben und zugedeckt
über Nacht ziehen lassen.

2 Die Vanilleschote mit einem scharfen Messer
längs aufschneiden, das Mark herausschaben und
in eine kleine Schüssel geben. Die Schote in den
Topf zu den Erdbeeren legen.

3 Die Früchte unter Rühren zum Kochen bringen
und bei mittlerer Hitze offen 3–4 Min. sprudelnd
kochen lassen. Häufig umrühren. Vorsicht: Die
Konfitüre kocht leicht über! Zum Schluss die Konfitüre abschäumen, Vanilleschote entfernen.

4 1 Schöpfkelle Erdbeerkonfitüre zum Vanillemark
geben, glatt verrühren, zurück in den Topf gießen
und kurz mitkochen. Gelierprobe machen (siehe
S. 7). Die fertige Konfitüre kochend heiß in die vorbereiteten Gläser füllen. Gläser sofort verschließen, auf den Deckeln stehend 5 Min. abkühlen lassen, dann umdrehen.

TIPP
Ein besonders intensives Vanillearoma erhält
die Konfitüre, wenn man die ausgeschabte Vanilleschote in 7 Stücke schneidet und ein Stück
davon in jedes Marmeladenglas steckt.

APRIKOSENKONFITÜRE MIT RUM

1 kg Aprikosen | 200 g getrocknete, ungeschwefelte Aprikosen | 1 kg Gelierzucker 1:1 |
70 ml Rum

Raffiniert

Für 8 Gläser à 210 ml | 1 Std. Zubereitung |
12 Std. Ziehen | ca. 1 Jahr haltbar
Pro 20 g ca. 60 kcal, 0 g E, 0 g F, 13 g KH

1 Die Aprikosen waschen, halbieren, die Steine entfernen und aufbewahren. Frische und getrocknete Aprikosen in kleine Stücke schneiden, mit dem Gelierzucker in einen großen Topf geben und über Nacht ziehen lassen.

2 Die Aprikosensteine mit dem Nussknacker öffnen. Die Kerne aus den Schalen lösen und grob hacken. Die Aprikosen unter Rühren zum Kochen bringen und mit dem Stabmixer etwas zerkleinern.

Die gehackten Aprikosenkerne und den Rum zugeben. Konfitüre bei mittlerer Hitze 5 Min. sprudelnd kochen lassen.

3 Die Konfitüre abschäumen, Gelierprobe machen (siehe S. 7). Die fertige Konfitüre kochend heiß in die vorbereiteten Gläser füllen. Gläser sofort verschließen, auf den Deckeln stehend 5 Min. abkühlen lassen, dann umdrehen.

TIPP

Alkoholfrei und trotzdem schön aromatisch – das gelingt am besten mit türkischen Zuckeraprikosen. Da diese sehr süß sind, die Marmelade mit Gelierzucker 2:1 zubereiten und den Saft und die fein abgeriebene Schale von 2 Bio-Zitronen mit dazugeben.

RHABARBERGELEE

Zartrosa und voller Aroma – dieses feine Gelee schmeckt köstlich zu ofenwarmen Croissants oder auch als raffinierte Begleitung zu gebackenem Ziegenkäse.

2 kg roter Rhabarber
2 kg Gelierzucker 1:1
1 Zitrone
1 Bourbon-Vanilleschote

Mit feiner Vanillenote

Für 10 Gläser à 210 ml |
1 Std. Zubereitung |
12 Std. Abtropfen |
ca. 1 Jahr haltbar
Pro 20 g ca. 75 kcal,
0 g E, 0 g F, 19 g KH

1 Rhabarber waschen, die Enden abschneiden. Die Stangen schälen und in 4 cm lange Stücke schneiden. Rhabarber mitsamt Schale in einen Topf geben, 1 l Wasser angießen. Alles zum Kochen bringen und bei mittlerer Hitze in 20 Min. weich kochen.

2 Ein Sieb mit einem Geschirrtuch auslegen und über einen Topf hängen. Die Rhabarbermischung einfüllen, das Tuch darüberschlagen, mit einem Teller und einer Konservendose beschweren (Bild 1) und über Nacht abtropfen lassen.

3 Vom Rhabarbersaft 1,5 kg abwiegen und in einen sehr großen Topf geben. Die Zitrone auspressen. Die Vanilleschote längs aufschneiden, das Mark herausschaben und in eine kleine Schüssel geben. Gelierzucker, Zitronensaft und ausgekratzte Vanilleschote mit dem Rhabarbersaft verrühren.

4 Die Rhabarbermischung aufkochen. Bei mittlerer Hitze 5 Min. sprudelnd kochen lassen. Vorsicht, das Gelee schäumt stark und kocht leicht über. Kocht es zu weit hoch (Bild 2), den Topf von der Platte ziehen und den Schaum zusammensacken lassen. Die Kochzeit entsprechend verlängern.

5 Wenn das Gelee nicht mehr hochschäumt, sondern sich ein kompakter Schaum an der Oberfläche abgesetzt hat, diesen mit dem Schaumlöffel abheben. 1 EL Gelee aus dem Topf nehmen und mit dem Vanillemark verrühren, zurück in den Topf gießen (Bild 3) und kurz mitkochen. Die Gelierprobe machen (siehe S. 7) und die Vanilleschote entfernen. Das fertige Gelee kochend heiß in die vorbereiteten Gläser füllen. Gläser sofort verschließen, auf den Deckeln stehend 5 Min. abkühlen lassen, dann umdrehen.

HIMBEERMARMELADE MIT MINZE

1 kg Himbeeren | 700 g Gelierzucker 2:1 | 1 Bund Minze | 550 ml trockener Weißwein

Für Gäste

Für 9 Gläser à 210 ml | 45 Min. Zubereitung |
12 Std. + 2 Std. Ziehen | ca. 1 Jahr haltbar
Pro 20 g ca. 35 kcal, 0 g E, 0 g F, 8 g KH

1 Die Himbeeren bei Bedarf vorsichtig waschen und verlesen. Himbeeren und Gelierzucker in einem großen Topf miteinander vermischen und zugedeckt 12 Std. ziehen lassen.

2 Die Minze waschen und trocken schütteln. Die Blättchen von den Stielen zupfen. Ein Drittel davon in feine Streifen schneiden und beiseitelegen. Restliche Minze mit Wein übergießen und 2 Std. ziehen lassen. Durch ein Sieb abgießen, Wein auffangen und 500 ml abmessen.

3 Den Minz-Wein zur Himbeermischung geben und zum Kochen bringen. Bei mittlerer Hitze 5 Min. sprudelnd kochen lassen. Abschäumen. Die Minzestreifen unter die Konfitüre rühren, Gelierprobe machen (siehe S. 7). Die fertige Konfitüre kochend heiß in die vorbereiteten Gläser füllen. Gläser sofort verschließen, auf den Deckeln stehend 5 Min. abkühlen lassen, dann umdrehen.

TIPP

Hervorragend, wenn es schnell gehen soll: TK-Himbeeren! Anstelle von Minze passt auch Zitronenverbene oder Melisse gut zu dieser fruchtigen Marmelade. Von der Zitronenverbene jedoch statt der Blätter nur den aromatisierten Wein in die Marmelade geben und die sehr intensive Melisse sparsam dosieren.

ERDBEER-ROSEN-GELEE

2 kg Erdbeeren | 4 ungespritzte Rosenblüten (aus dem Garten, vom Bio-Gärtner) | 50 ml Rosenwasser | 100 ml Zitronensaft | 650 g Gelierzucker 2:1

Macht was her

Für 8 Gläser à 210 ml | 45 Min. Zubereitung | 12 Std. Abtropfen | ca. 1 Jahr haltbar
Pro 20 g ca. 40 kcal, 0 g E, 0 g F, 9 g KH

1 Die Erdbeeren waschen, Kelchblätter entfernen, die Früchte vierteln. Mit 200 ml Wasser aufkochen und zugedeckt 10 Min. köcheln lassen.

2 Ein feinmaschiges Sieb mit einem sauberen Geschirrtuch auslegen, über eine Schüssel hängen. Die Erdbeeren hineingeben, Geschirrtuch darüberschlagen und mit einem Teller und einer Konservendose beschwert über Nacht abtropfen lassen.

3 Die Rosenblütenblätter abzupfen, helle, bittere Ansätze abschneiden. 1,1 l Erdbeersaft abmessen, mit Rosenwasser, Zitronensaft und Gelierzucker in einem großen Topf aufkochen und 5 Min. sprudelnd kochen lassen.

4 Gelee abschäumen, Rosenblütenblätter untermischen und kurz mitkochen. Gelierprobe machen (siehe S. 7). Das fertige Gelee kochend heiß in die vorbereiteten Gläser füllen. Gläser sofort verschließen, auf den Deckeln stehend 5 Min. abkühlen lassen, dann umdrehen.

TOMATEN-ERDBEER-MARMELADE

Unser Lieblingsgemüse einmal anders: In Kombination mit Erdbeeren und Orange wird es zum pikanten Begleiter von würzigem Käse oder hellem Fleisch.

1,2 kg Tomaten
300 g Erdbeeren
1 Bio-Orange
1 kg Gelierzucker 2:1
100 ml Zitronensaft
50 ml Weißweinessig
1 TL Salz
1 TL gemahlener Kreuzkümmel
½ TL Cayennepfeffer

Edles Mitbringsel

Für 12 Gläser à 210 ml |
1 Std. Zubereitung |
12 Std. Abtropfen |
ca. 1 Jahr haltbar
Pro 20 g ca. 35 kcal,
0 g E, 0 g F, 8 g KH

1 Die Tomaten mit kochendem Wasser übergießen, häuten und halbieren. Die Kerne mit einem Löffel herausschaben. Ein feinmaschiges Sieb mit einem sauberen Geschirrtuch auslegen, über eine Schüssel hängen, die Tomatenkerne hineingeben und zugedeckt über Nacht abtropfen lassen.

2 Die Erdbeeren waschen, Kelchblätter entfernen. Erdbeeren und Tomaten-Fruchtfleisch in 0,5 cm große Würfel schneiden und in einen großen Topf geben. Die Orange abwaschen und abtrocknen. Die Schale sehr fein abreiben und zu den Tomaten geben. Gelierzucker, Zitronensaft und Essig zufügen, alles mischen und zugedeckt über Nacht ziehen lassen.

3 Am nächsten Tag den ausgetretenen Tomatensaft, Salz und die Gewürze zum Tomatenansatz geben. Alles aufkochen und 5 Min. sprudelnd kochen lassen. Das Confit nach Belieben mit dem Stabmixer leicht anpürieren und mit Essig, Salz und Cayennepfeffer abschmecken. Gelierprobe (siehe S. 7) machen.

4 Das fertige Confit bis 1 cm unter den Rand in die vorbereiteten Gläser füllen. Gläser sofort verschließen, auf den Deckeln stehend 5 Min. abkühlen lassen, dann umdrehen. Nach Anbruch im Kühlschrank aufbewahren.

TIPP Anstelle von Erdbeeren passen auch vollreife, geschälte Nektarinen in dieses pikante Confit. Wer es gerne schön scharf mag, gibt 2–3 fein gehackte rote Peperoni – mit oder ohne Kernchen – dazu.

SUMMERTIME

Die Sonne strahlt heiß vom blauen Himmel, Beete, Sträucher und Bäume stehen in voller Pracht. Jetzt gibt es Johannisbeeren, Nektarinen und Kirschen satt, welch ein Paradies! Und noch spät im Jahr werden Mirabellenkonfitüre, Stachelbeergelee und Pfirsichconfit an glückliche, sonnengetränkte (Marmeladenkoch-)Tage erinnern.

MELONENKONFITÜRE

Ungewöhnlich und superlecker! Süße, aromatische Charentais-Melone kombiniert mit herber Zitronenschale bringt frischen Wind aufs Frühstücksbrötchen.

3 Bio-Zitronen
2 Charentais-Melonen (1,5 kg)
1,3 kg Gelierzucker 1:1

Perfekt zum Brunch

Für 10 Gläser à 210 ml |
1 Std. Zubereitung |
12 Std. Ziehen |
ca. 1 Jahr haltbar
Pro 20 g ca. 65 kcal,
0 g E, 0 g F, 16 g KH

1 Am Vortag die Zitronen heiß abwaschen, in einen Topf geben, mit Wasser bedecken und zum Kochen bringen. Die Zitronen etwa 1 Std. kochen, bis die Schalen weich sind. Vom Herd nehmen und zugedeckt über Nacht im Sud abkühlen lassen.

2 Die Melonen ebenfalls am Vortag halbieren und entkernen. Fasern und Kerne in ein Sieb geben und auf einer Schüssel abtropfen lassen, zum Schluss leicht durchpassieren. Die Melone in Achtel schneiden, schälen und das Fruchtfleisch in etwa 2 cm große Stücke schneiden. 1 kg Fruchtfleisch abwiegen. Mit 1 kg Gelierzucker und dem Melonensaft in einen Topf geben, verrühren und zugedeckt über Nacht Saft ziehen lassen.

3 Die Zitronen vierteln, das Fruchtfleisch und die weiße Schalenschicht flach von der gelben Schale abschneiden und in einem feinen Sieb über einer Schüssel abtropfen lassen. Die gelbe Schale in 1 cm große Quadrate schneiden. Das Zitroneninnere leicht durch das Sieb passieren.

4 Zitronenschale und passiertes Zitroneninneres abwiegen. Vom übrigen Gelierzucker die gleiche Menge abwiegen und dazugeben. Die Melonenstücke mit dem Stabmixer leicht anpürieren, Zitronenmischung dazugeben und unterrühren.

5 Den Konfitüreansatz zum Kochen bringen. Bei mittlerer Hitze sprudelnd 4–5 Min. kochen lassen, gelegentlich umrühren. Die Konfitüre nach Bedarf abschäumen und kochend heiß in die vorbereiteten Gläser füllen. Gläser sofort verschließen, auf den Deckeln stehend 5 Min. abkühlen lassen, dann umdrehen.

FRANZÖSISCHE MIRABELLENKONFITÜRE

Dickflüssig und gespickt mit saftigen Fruchtstückchen: So lieben die Franzosen Konfitüre. Sie schmeckt köstlich zu Croissant und Baguette, zu Joghurt und Quark.

1,2 kg Mirabellen
80 ml Zitronensaft
800 g Zucker
1 Bio-Zitrone
2 Gewürznelken

Très delicieux!

Für 7 Gläser à 210 ml |
45 Min. Zubereitung |
12 Std. Ziehen |
ca. 1 Jahr haltbar
Pro 20 g ca. 55 kcal,
0 g E, 0 g F, 13 g KH

1 Die Mirabellen waschen, vierteln und entsteinen. Mirabellen mit dem Zitronensaft beträufeln, damit sie nicht braun werden, und abwechselnd mit dem Zucker in einen großen Topf schichten. Die Früchte zugedeckt über Nacht Saft ziehen lassen.

2 Die Zitrone heiß abwaschen und abtrocknen. Die Schale fein abreiben. Zitronenschale und die Nelken zu den Mirabellen in den Topf geben und unterrühren.

3 Den Konfitüreansatz bei starker Hitze zum Kochen bringen und bei mittlerer Hitze offen 25–30 Min. sprudelnd kochen lassen, dabei gelegentlich umrühren. Die Konfitüre ist fertig, wenn sie bei der Gelierprobe (siehe S. 7) die Konsistenz von dickflüssigem Honig hat und nicht mehr zerläuft.

4 Die Mirabellenkonfitüre falls nötig abschäumen und die Nelken herausfischen. Die Konfitüre kochend heiß bis 1 cm unter den Rand in die vorbereiteten Gläser füllen. Die Gläser sofort verschließen und auf den Deckeln stehend 5 Min. abkühlen lassen. Dann umdrehen.

TIPP   Sauerkirschen, Renekloden, Pfirsiche, Feigen, Aprikosen und Zwetschgen lassen sich nach dieser Methode ebenfalls perfekt zu Konfitüre kochen. Die Früchte sollten gerade reif, nicht zu weich und sehr aromatisch sein. Vorsicht mit der Temperatur! Ist sie längere Zeit zu hoch, fängt der Zucker an zu karamellisieren und wird braun.

SCHWARZE JOHANNISBEERE MIT LORBEER

1 kg Schwarze Johannisbeeren | 250 ml Rotwein | 1 Bio-Zitrone | 5 frische Lorbeerblätter | 700 g Gelierzucker 2:1 (am besten in Bio-Qualität)

Würzig und herb

Für 8 Gläser à 210 ml | 50 Min. Zubereitung | 12 Std. Ziehen | ca. 1 Jahr haltbar
Pro 20 g ca. 40 kcal, 0 g E, 0 g F, 9 g KH

1 Die Johannisbeeren abbrausen, die Beeren von den Rispen zupfen. 900 g Johannisbeeren abwiegen, mit dem Rotwein in einen großen Topf geben. Die Zitrone heiß abwaschen und abtrocknen. Die Schale fein abreiben und zu den Beeren geben.

2 Die Zitrone halbieren und auspressen. Die Lorbeerblätter in 2 cm breite Streifen schneiden. Zitronensaft und Lorbeer mit dem Gelierzucker zu den Johannisbeeren geben. Den Konfitüreansatz zugedeckt über Nacht Saft ziehen lassen.

3 Den Konfitüreansatz zum Kochen bringen und bei mittlerer Hitze 4–5 Minuten sprudelnd kochen lassen. Die Konfitüre nach Bedarf abschäumen und die Gelierprobe machen (siehe S. 7).

4 Die fertige Konfitüre kochend heiß in die vorbereiteten Gläser füllen. Die Gläser sofort verschließen und auf den Deckeln stehend 5 Min. abkühlen lassen. Dann umdrehen.

TIPP
Wer es etwas lieblicher mag, gibt die Lorbeerblätter im Ganzen zum Konfitüre-Ansatz und fischt sie vor dem Abfüllen heraus. Geschmacklich harmonieren auch frische Rosmarinnadeln gut mit den Schwarzen Johannisbeeren.

SAUERKIRSCHKONFITÜRE MIT TONKABOHNE

1,5 kg Sauerkirschen | 650 g Gelierzucker 2:1
(am besten in Bio-Qualität) | 1 Zitrone |
1 Tonkabohne

Schmeckt nach Sommer

Für 9 Gläser à 210 ml | 1 Std. Zubereitung |
12 Std. Ziehen | ca. 1 Jahr haltbar
Pro 20 g ca. 40 kcal, 0 g E, 0 g F, 9 g KH

1 Die Sauerkirschen waschen, entkernen und halbieren. Die Früchte wiegen. Halb so viel Gelierzucker abwiegen (ca. 650 g) und zusammen mit den
Sauerkirschen in einen großen Topf geben. Die Zitrone auspressen, den Saft zu den Kirschen geben.
Den Konfitüreansatz zugedeckt über Nacht Saft
ziehen lassen.

2 Die Tonkabohne fein reiben. Konfitüreansatz
zum Kochen bringen, mit dem Stabmixer leicht anpürieren und bei mittlerer Hitze 4–5 Min. sprudelnd kochen lassen. Abschäumen und die gerie-
bene Tonkabohne unterrühren.

3 Alles noch einmal aufkochen, Gelierprobe machen (siehe S. 7). Die fertige Konfitüre kochend
heiß in die vorbereiteten Gläser füllen. Gläser sofort verschließen, auf den Deckeln stehend 5 Min.
abkühlen lassen, dann umdrehen.

TIPP

Tonkabohnen sparsam verwenden. Sie besit-
zen ein intensives Aroma, das feinere Düfte
leicht übertönt. Tonkabohnen möglichst in kleinen Mengen besorgen, denn sie werden beim
Lagern hart und spröde. Zum Zerkleinern entweder grob hacken und im Mörser pulverfein
zerstoßen oder auf der Muskatreibe reiben.

KARAMELLISIERTE NEKTARINENKONFITÜRE

Superreife, aromatische Nektarinen, die mit einem Hauch Lavendel zubereitet werden –
das ist Sommer pur im Marmeladenglas!

1,5 kg Nektarinen
2 Zitronen
250 g Zucker
500 g Gelierzucker 2:1
1 TL getrocknete Lavendelblüten

Mit französischem Flair!

Für 9 Gläser à 210 ml |
1 Std. Zubereitung |
12 Std. Ziehen |
ca. 1 Jahr haltbar
Pro 20 g ca. 40 kcal,
0 g E, 0 g F, 10 g KH

1 Die Nektarinen waschen, halbieren und die Steine entfernen. Die Fruchthälften in 1 cm große Stücke schneiden. Die Zitronen halbieren und auspressen. Den Saft über die Früchte gießen und gründlich untermischen.

2 Den Zucker auf den Boden eines großen Topfs streuen und bei starker Hitze braun karamellisieren lassen (Bild 1). Die Nektarinenstücke auf einmal in den Topf geben und unter den karamellisierten Zucker rühren (Bild 2).

3 Die Herdplatte ausschalten und die Fruchtstücke solange unterrühren, bis sich der Karamell aufgelöst hat. Den Topf vom Herd nehmen und die Nektarinen zugedeckt über Nacht abkühlen und Saft ziehen lassen.

4 Am nächsten Tag den Gelierzucker unter den Konfitüreansatz rühren, zum Kochen bringen und bei mittlerer Hitze 4–5 Min. sprudelnd kochen lassen. Gelierprobe machen (siehe S. 7).

5 Die Konfitüre nach Bedarf abschäumen und die Lavendelblüten unterrühren. Noch knapp 1 Min. mitkochen, dann die Konfitüre kochend heiß bis 1 cm unter den Rand in die vorbereiteten Gläser füllen (Bild 3). Gläser sofort verschließen, auf den Deckeln stehend 5 Min. abkühlen lassen, dann umdrehen.

TIPP Dieses Rezept lässt sich auch sehr gut mit aromatischen Weinberg- oder gelben Pfirsichen zubereiten. Die Pfirsiche mit Haut verarbeiten, denn in ihr steckt viel Aroma! Wer die Lavendelnote nicht mag, kann stattdessen 1–2 TL grob gehackte, frische Rosmarinnadeln unter die Konfitüre mischen.

STACHELBEERGELEE

Eine perfekte Kombination: die säuerlich-frischen Stachelbeeren wandern
zusammen mit bezauberndem Blütenduft ins Marmeladenglas.

1,5 kg Stachelbeeren
7 kleine Duftpelargonienblätter
(ersatzweise Zitronenmelisse-
blättchen)
1,5 kg Gelierzucker 1:1

Zum Verschenken

Für 7 Gläser à 210 ml |
1 Std. Zubereitung |
12 Std. Abtropfen |
ca. 1 Jahr haltbar
Pro 20 g ca. 85 kcal,
0 g E, 0 g F, 21 g KH

1 Die Stachelbeeren waschen, putzen, halbieren und in einen großen Topf geben. 500 ml Wasser zufügen, alles zum Kochen bringen. Die Früchte bei mittlerer Hitze 10 Min. köcheln lassen.

2 Ein feinmaschiges Sieb mit einem sauberen Geschirrtuch auslegen und über eine Schüssel hängen. Die Stachelbeeren in das Sieb geben. Mit einem Teller und einer Konservendose beschweren und über Nacht abtropfen lassen.

3 Am nächsten Tag die Duftpelargonienblätter waschen und trocken tupfen. Vom Stachelbeersaft 1,2 kg abwiegen, in einen großen Topf geben. Gelierzucker dazugeben, unter gelegentlichem Rühren zum Kochen bringen. Das Gelee bei mittlerer Hitze offen 4–5 Min. sprudelnd kochen lassen, dann abschäumen.

4 Gelierprobe machen (siehe S. 7). Das fertige Gelee bis 1,5 cm unter den Rand in die Gläser füllen, je 1 Blatt hineinstecken. Die Gläser verschließen und auf den Deckeln stehend 20–30 Min. abkühlen lassen, bis das Gelee beginnt fest zu werden. Dann umdrehen und vollständig abkühlen lassen.

VARIANTE

ROTES JOHANNISBEERGELEE
1,5 kg rote Johannisbeeren waschen, von den Rispen streifen und mit 250 ml Wasser aufkochen. 10 Min. bei mittlerer Hitze köcheln lassen, dann in einem mit einem Geschirrtuch ausgelegten Sieb über Nacht abtropfen lassen. Vom aufgefangenen Saft 1,1 kg abwiegen, mit 1,5 kg Gelierzucker in einen Topf geben und in 3–4 Min. zu einem Gelee kochen, abschäumen und in Gläser füllen. Zur Dekoration je 1 Johannisbeerblatt mit ins Glas geben.

PFIRSICHCONFIT MIT BALSAMICO

1,5 kg Pfirsiche | 2 Bourbon-Vanilleschoten | 100 ml Aceto balsamico bianco | 1 TL Salz | 400 g Gelierzucker 2:1 (am besten in Bio-Qualität)

Fürs Grillbüfett

Für 7 Gläser à 210 ml | 45 Min. Zubereitung | 12 Std. Ziehen | ca. 1 Jahr haltbar
Pro 20 g ca. 30 kcal, 0 g E, 0 g F, 7 g KH

1 Den Backofen auf 220° vorheizen. Ein Backblech mit Backpapier auslegen. Die Pfirsiche waschen, halbieren und entsteinen. Die Pfirsichhälften mit der Haut nach unten auf das Blech legen und 20 Min. backen, bis sie leicht bräunen. Herausnehmen und abkühlen lassen.

2 Die Vanilleschoten längs halbieren, das Mark herausschaben und in einer Schüssel mit Aceto balsamico bianco und Salz glatt verrühren, die Vanilleschoten beiseitelegen. Die Pfirsiche in kleine Stücke schneiden und mit den Vanilleschoten, dem Essig-Mix und dem Gelierzucker in einen großen Topf geben. Zugedeckt über Nacht ziehen lassen.

3 Den Confitansatz zum Kochen bringen und 4–5 Min. sprudelnd kochen lassen. Die Gelierprobe machen (siehe S. 7), das Confit sollte noch weich und leicht flüssig sein. Vanilleschoten entfernen und das Confit mit Salz und Aceto balsamico bianco abschmecken.

4 Das fertige Confit kochend heiß in die vorbereiteten Gläser füllen. Die Gläser sofort verschließen und auf den Deckeln stehend 5 Min. abkühlen lassen, dann umdrehen.

CHILICONFIT

800 g rote Peperoni (ersatzweise Chilis) | 2 rote Spitzpaprika | 500 g Gelierzucker 2:1 (am besten in Bio-Qualität) | 500 ml Apfelsaft | 200 ml Zitronensaft | 1 TL Salz

Schön scharf

Für 6 Gläser à 210 ml | 1¼ Std. Zubereitung | 12 Std. Ziehen | ca. 1 Jahr haltbar
Pro 20 g ca. 40 kcal, 0 g E, 0 g F, 9 g KH

1 Den Backofen auf 200° Umluft vorheizen, zwei Backbleche mit Backpapier auslegen. Peperoni und Paprika waschen, trocken tupfen und auf das Backblech legen. Im Ofen ca. 20 Min. garen, ohne dass sie braun werden.

2 Peperoni und Paprika herausnehmen und mit einem kalten, nassen Tuch bedecken. Die Schoten häuten und längs aufschneiden. Die Stielansätze sowie weiße Trennwände und Kerne entfernen. Das Fruchtfleisch in kleine Stücke schneiden, mit Zucker, Apfel- und Zitronensaft sowie Salz in einem Topf zum Kochen bringen.

3 Das Confit 4–5 Min. sprudelnd kochen lassen, abschäumen und eine Gelierprobe machen (siehe S. 7). Das Confit sollte nicht zu fest sein. Kochend heiß in die Gläser füllen und sofort verschließen. Auf den Deckeln stehend abkühlen lassen, kühl und dunkel aufbewahren.

TIPP

Wer es gerne scharf mag, würzt mit Chiliflocken nach, falls dem Confit die gewünschte Schärfe fehlt. Aber bitte erst probieren!

HERBSTERNTE

Der Herbst, der Herbst, der Herbst ist da: Äpfel und Birnen in Hülle und Fülle, Quitten und Zwetschgen satt! Ob aus dem eigenen Garten oder von Nachbars Baum – zu Konfitüre verarbeitet sind sie unschlagbar. Und raffiniert gewürzt auch als Begleiter zu Fleisch und Käse überaus köstlich!

GRANATAPFELGELEE MIT PISTAZIEN

Purpurrot und unwiderstehlich – das fruchtig herbe Aroma sonnengereifter Granatäpfel bringt einen exotischen Hauch von Orient auf Brot und Brötchen.

40 g Pistazienkerne
2 kg Granatäpfel
2 Zitronen
1,5 kg Gelierzucker 1:1

Feiertagsmarmelade

Für 9 Gläser à 210 ml |
1 Std. Zubereitung |
ca. 3 Monate haltbar
Pro 20 g ca. 80 kcal,
0 g E, 0 g F, 19 g KH

1 Die Pistazienkerne in einer Pfanne ohne Fett anrösten, bis sie duften. Aus der Pfanne auf ein Brett geben und abkühlen lassen. Die Pistazienkerne grob hacken und beiseitestellen.

2 Die Granatäpfel und die Zitronen halbieren und auf der elektrischen Saftpresse wie Orangen auspressen.

3 Den Saft durch ein feines Sieb abgießen und 1,1 l auffangen. Eventuell fehlenden Saft mit Wasser ausgleichen. Die Flüssigkeit in einen großen Topf gießen und den Gelierzucker unterrühren. Alles zum Kochen bringen und bei mittlerer Hitze 4–5 Min. sprudelnd kochen lassen.

4 Wenn sich der Schaum auf der Oberfläche und am Rand abgesetzt hat und das Gelee klar geworden ist, den Schaum sorgfältig abheben. Die Pistazienkerne unter das Gelee rühren und noch einmal aufkochen. Dann sofort bis 1 cm unter den Rand in die vorbereiteten Gläser füllen. Gläser sofort verschließen, auf den Deckeln stehend 5 Min. abkühlen lassen, dann umdrehen.

TIPP Reife Granatäpfel erkennt man am weit geöffneten »Krönchen«. Die besten kommen aus dem Iran, ihr Saft ist intensiv purpurrot und äußerst aromatisch. Soll das Gelee länger haltbar sein, die Pistazienkerne weglassen, denn sie verderben relativ schnell. Ohne sie ist das Gelee mindestens 1 Jahr haltbar. Zum Pressen am besten auf einer freien Arbeitsfläche arbeiten, denn es kann stark spritzen. Der intensiv rote Saft verursacht hartnäckige Flecken vor allem in Textilien!

FEIGENKONFITÜRE MIT MARSALA

1,1 kg Feigen | 150 ml trockener Marsala |
½ TL Zimtblüten (aus dem Bioladen oder Inter-
netversand) | 1,25 kg Gelierzucker 1:1 | 2 Bio-
Orangen

Mit feiner Würze

Für 10 Gläser à 210 ml | 50 Min. Zubereitung |
12 Std. Ziehen | ca. 1 Jahr haltbar
Pro 20 g ca. 55 kcal, 0 g E, 0 g F, 14 g KH

1 Die Feigen waschen, putzen und in 1 cm große
Stücke schneiden, 1 kg abwiegen. Feigen, Marsala,
Zimtblüten und Gelierzucker in einen großen Topf
geben, miteinander vermischen und zugedeckt
über Nacht ziehen lassen.

2 Die Orangen heiß abwaschen und abtrocknen.
Die Schale fein abreiben. Die Orangen halbieren
und den Saft auspressen. Schale und Saft zum
Konfitüreansatz geben und unterrühren. Alles zum
Kochen bringen und bei mittlerer Hitze 4–5 Min.
sprudelnd kochen lassen, gelegentlich rühren. Gelierprobe machen (siehe S. 7), die Konfitüre falls
nötig abschäumen.

3 Die fertige Konfitüre kochend heiß in die vorbereiteten Gläser füllen. Gläser sofort verschließen,
auf den Deckeln stehend 5 Min. abkühlen lassen,
dann umdrehen.

TIPP

Die Zimtblüten entweder im Ganzen in die Konfitüre geben oder zuvor im Mörser grob zerkleinern. Sehr reife Feigen können bedenkenlos
mit Schale verwendet werden, das ergibt besonders bei violetten Feigen eine schöne, ap-
petitliche Farbe.

HOLLERKONFITÜRE MIT BIRNEN

1 kg Holunderbeeren | 600 g Birnen (z. B. Williams Christ) | 150 ml Apfelsaft | 40 ml Birnengeist | 2 Bio-Zitronen | 800 g Gelierzucker 2:1 (am besten in Bio-Qualität)

Vitaminreicher Klassiker

Für 9 Gläser à 210 ml | 1 Std. Zubereitung |
ca. 1 Jahr haltbar
Pro 20 g ca. 45 kcal, 0 g E, 0 g F, 10 g KH

1   Die Holunderbeeren abbrausen, die Beeren abstreifen. Die Birnen waschen, schälen, vierteln, Kerngehäuse und Fruchtansatz entfernen. Das Fruchtfleisch in kleine Stücke schneiden. Die Früchte in einen großen Topf geben. Apfelsaft und Birnengeist zugeben. Alles zum Kochen bringen und zugedeckt 10 Min. bei schwacher Hitze köcheln lassen. Die Mischung abkühlen lassen und durch ein feines Sieb passieren.

2   Die Zitronen heiß abwaschen und abtrocknen. Die Schale fein abreiben. Die Zitronen halbieren und auspressen. Schale und Saft zum Fruchtmus geben. 1,5 kg abwiegen und in einen großen Topf geben, den Gelierzucker untermischen und alles unter Rühren zum Kochen bringen.

3   Den Konfitüreansatz bei mittlerer Hitze unter ständigem Rühren 4–5 Min. kochen lassen. Gelierprobe machen (siehe S. 7). Die fertige Konfitüre kochend heiß in die vorbereiteten Gläser füllen. Gläser sofort verschließen, auf den Deckeln stehend 5 Min. abkühlen lassen, dann umdrehen.

ZWETSCHGENRÖSTER

Na servus! Der österreichische Kompott-Klassiker kommt hier als herrlich würzige Komposition ins Marmeladenglas. Echt leiwand!

1,5 kg Zwetschgen
1 Bio-Zitrone
1 Bio-Orange
1 Stück Ingwer (5 cm lang)
6 Gewürznelken
1 Zimtstange
200 ml Rotwein
200 g Gelierzucker 2:1 (am besten in Bio-Qualität)

Köstlich auf Palatschinken

Für 7 Gläser à 210 ml |
1 Std. Zubereitung |
45 Min. Kochen |
ca. 1 Jahr haltbar
Pro 20 g ca. 25 kcal,
0 g E, 0 g F, 5 g KH

1 Die Zwetschgen waschen und halbieren, die Steine entfernen. Die Zwetschgenhälften vierteln und in einen großen Topf geben. Die Zitrone und die Orange heiß abwaschen, abtrocknen und die Schale sehr fein abreiben (Bild 1). Zitrone und Orange halbieren und auspressen. Saft und Schale zu den Zwetschgen geben.

2 Ingwer schälen und sehr fein reiben. Die Nelken in ein Mullsäckchen oder in einen Teefilterbeutel füllen, mit Küchengarn verschließen (Bild 2). Ingwer, Nelken, Zimtstange und Rotwein zu den Zwetschgen geben.

3 Alles unterrühren und zum Kochen bringen. Offen unter gelegentlichem Rühren bei knapp mittlerer Hitze 40 Min. einkochen lassen. Die Zwetschgenmasse vom Herd nehmen und abkühlen lassen. Sie sollte gut zerkocht, aber noch etwas flüssig sein. Das Mullsäckchen herausnehmen und ausdrücken. Die Zimtstange ebenfalls herausnehmen.

4 Den Gelierzucker zu den Zwetschgen geben und unterrühren. Alles zum Kochen bringen und bei mittlerer Hitze 4–5 Min. unter gelegentlichem Rühren sprudelnd kochen lassen. Nach Bedarf abschäumen und die Gelierprobe machen (siehe S. 7). Der Röster sollte halbfest sein, fast noch dickflüssig (Bild 3).

5 Den Zwetschgenröster bis 1 cm unter den Rand in die vorbereiteten Gläser füllen. Gläser sofort verschließen, auf den Deckeln stehend 5 Min. abkühlen lassen, dann umdrehen. Nach Anbruch im Kühlschrank aufbewahren.

APFELKONFITÜRE MIT ROSINEN UND GEWÜRZEN

2 Zitronen | 1,5 kg säuerliche Äpfel (z. B. Jacob Fischer oder Boskop) | 2 Zimtstangen | 1 TL gemahlener Koriander | 1 Msp. gemahlene Nelken | 600 g Gelierzucker 2:1 (am besten in Bio-Qualität) | 80 g Rumrosinen

Bratapfel fürs Brötchen

Für 8 Gläser à 210 ml | 1 Std. Zubereitung | 12 Std. Ziehen | ca. 1 Jahr haltbar
Pro 20 g ca. 35 kcal, 0 g E, 0 g F, 9 g KH

1 Die Zitronen halbieren und auspressen. Die Äpfel waschen, vierteln und schälen. Kerngehäuse, Blüten- und Stielansatz entfernen. Fruchtfleisch in 0,5 cm große Stücke schneiden. 1,1 kg abwiegen, mit dem Zitronensaft in einen großen Topf geben. Zimtstangen mit den anderen Gewürzen und dem Gelierzucker zu den Äpfeln geben und über Nacht ziehen lassen.

2 Die Apfelmischung zum Kochen bringen und bei mittlerer Hitze unter gelegentlichem Rühren 4–5 Min. sprudelnd kochen lassen. Die Rosinen unterrühren und kurz mitkochen. Gelierprobe machen (siehe S. 7). Die Zimtstangen entfernen. Die fertige Konfitüre in die Gläser füllen. Gläser sofort verschließen, auf den Deckeln stehend 5 Min. abkühlen lassen, dann umdrehen.

TIPP

Wird die Konfitüre rasch verbraucht, kann man noch 100 g geröstete Mandelstifte mit hineingeben. Bei längerer Lagerung (mehr als 3 Monate) verändern sie jedoch ihren Geschmack.

QUITTENMUS MIT CRANBERRYS

2 kg Quitten | 200 g Cranberrys | 2 Zitronen |
400 g Gelierzucker 2:1 (am besten in Bio-Quali-
tät) | ¼ TL gemahlene Nelken

Mit wenig Zucker

Für 9 Gläser à 210 ml | 1 Std. Zubereitung |
1 Std. Backen | ca. 1 Jahr haltbar
Pro 20 g ca. 20 kcal, 0 g E, 0 g F, 5 g KH

1 Backofen auf 180° vorheizen, ein Backblech mit
Backpapier auslegen. Quitten waschen, abtrocknen und nebeneinander auf das Blech legen. Im
Ofen 45–60 Min. backen, bis sie weich sind. Abkühlen lassen, vierteln, Kerngehäuse und Blüten-
ansatz entfernen. Die Früchte mit Schale in 2 cm
große Stücke schneiden.

2 Cranberrys abbrausen und verlesen. Zitronen
halbieren und auspressen. Quitten mit 250 ml Wasser in einen Topf geben, mit dem Stabmixer fein
pürieren. Gelierzucker, Zitronensaft und Nelkenpul-
ver unterrühren. Quittenmus aufkochen und bei
mittlerer Hitze 2 Min. unter ständigem Rühren kochen lassen. Cranberrys unterrühren, weitere
3–4 Min. kochen. Gelierprobe machen (siehe S. 7).

3 Das fertige Quittenmus kochend heiß in die vorbereiteten Gläser füllen. Die Gläser sofort verschließen und auf den Deckeln stehend 5 Min. abkühlen lassen. Dann umdrehen.

TIPP

Quittenmus spritzt beim Kochen und setzt gern
am Boden an. Daher in einem möglichst großen, hohen Topf zubereiten und den Topfboden
immer wieder mit einem Pfannenwender frei-
schaben. Anstelle der Cranberrys passen auch
Preiselbeeren.

ZWETSCHGENCONFIT MIT BACON

2 kg Zwetschgen | 3 Zitronen | 400 g dunkler Muscovadozucker (ersatzweise Rohrohrzucker) | 200 g Frühstücksspeck in dünnen Scheiben | 1 EL Szechuan-Pfeffer (ersatzweise schwarzer Pfeffer) | 1 TL Salz

Zu Grillfleisch und Burger

Für 8 Gläser à 210 ml | 1½ Std. Zubereitung | ca. 1 Jahr haltbar
Pro 20 g ca. 35 kcal, 0 g E, 1 g F, 7 g KH

1 Die Zwetschgen waschen, halbieren, entsteinen und vierteln. Die Zitronen halbieren und auspressen. Den Saft mit den Zwetschgen und dem Muscovadozucker in einen Topf geben.

2 Die Zwetschgenmischung zum Kochen bringen und bei kleiner Hitze offen unter Rühren 35–45 Min. musig einkochen.

3 Speckscheiben in einer Pfanne ohne Fett knusprig braten, mit Küchenpapier entfetten. Den knusprigen Speck in 1,5 cm große Stücke schneiden oder brechen. Szechuan-Pfeffer in einer Pfanne ohne Fett anrösten, dann im Mörser grob zerstoßen.

4 Speck, Pfeffer und Salz zu den Zwetschgen geben und 3–4 Min. mitkochen. Das Confit mit Salz und Zitronensaft abschmecken und kochend heiß in die vorbereiteten Gläser füllen. Gläser sofort verschließen, auf den Deckeln stehend 5 Min. abkühlen lassen, dann umdrehen.

TIPP

Wer seine Konfitüre gern stückig mag, verwendet anstelle von dünnen Speckscheiben kleine Speckwürfel. Diese kross braten, entfetten und in das Zwetschgenconfit geben.

BIRNEN-SENF-CONFIT

2 kg Birnen (z. B. Williams Christ) | 700 g Gelier-
zucker 2:1 (am besten in Bio-Qualität) |
200 g gelbe Senfkörner | 200 ml Aceto bal-
samico bianco | 2 TL Salz

Zu Käse und Fleisch

Für 10 Gläser à 210 ml | 50 Min. Zubereitung |
12 Std. Ziehen | ca. 1 Jahr haltbar
Pro 20 g ca. 40 kcal, 0 g E, 1 g F, 9 g KH

1 Birnen schälen, vierteln, putzen und in 0,5 cm
große Stücke schneiden, 1,7 kg abwiegen. Birnen-
stücke mit dem Gelierzucker in einen großen Topf
geben, über Nacht ziehen lassen.

2 Senfkörner im Blitzhacker fein zerkleinern und
in eine Schüssel geben. Essig mit 200 ml Wasser
und Salz zum Kochen bringen und über die Senfkörner gießen, 15 Min. quellen lassen.

3 Die Birnenmischung zum Kochen bringen und
bei mittlerer Hitze unter Rühren 3–4 Min. sprudelnd kochen lassen. Senfmischung zugeben und
weitere 2–3 Min. kochen. Gelierprobe machen
(siehe S. 7).

4 Das Confit mit Salz und Essig abschmecken und
kochend heiß in die vorbereiteten Gläser füllen.
Gläser sofort verschließen, auf den Deckeln stehend 5 Min. abkühlen lassen, dann umdrehen.

TIPP

Für ein wenig mehr Schärfe bereiten Sie das
Confit je zur Hälfte aus gelben und braunen
Senfkörnern zu, die etwas schärfer sind. Die
braunen Senfkörner dabei nur grob zerkleinern
und einige ganz lassen!

WINTERTRAUM

Passionsfrucht-Curd, Bananenkonfitüre und Ananas-Chili-Confit zaubern im Winter frische Aromen und bunte Farben auf den Teller. Die exotischen Marmeladen machen sich nicht nur auf dem eigenen Frühstücksbrötchen gut, sondern auch als süße Mitbringsel für liebe Freunde und Familie.

PASSIONSFRUCHT-CURD

So britisch wie Lemon-Curd, und doch ganz anders – mit dem unwiderstehlichen Aroma exotischer Früchte wird das Frühstückbrötchen zur Delikatesse!

12 Passionsfrüchte
125 g Butter
300 g feiner Zucker
3 sehr frische Eier (L)

Herrlich exotisch

Für 3 Gläser à 210 ml |
1¼ Std. Zubereitung |
gekühlt ca. 4 Wochen haltbar
Pro 20 g ca. 95 kcal,
1 g E, 4 g F, 13 g KH

1 Ein feinmaschiges Kunststoffsieb über eine Schüssel hängen. Die Passionsfrüchte halbieren, das Fruchtfleisch mit einem Teelöffel herausschaben und in das Sieb geben. Das Fruchtfleisch durch das Sieb passieren (Bild 1) und 150 ml abmessen. Die Masse in einen Topf geben.

2 Die Butter grob würfeln und zum Passionsfruchtmark geben (Bild 2). Alles erhitzen, bis die Butter geschmolzen ist, dann den Zucker einrieseln lassen und unter Rühren auflösen. Den Topf vom Herd nehmen, die Mischung 10 Min. abkühlen lassen.

3 Die Eier verquirlen und durch ein feines Plastiksieb passieren, dann in die Passionsfrucht-Butter-Mischung rühren. Die Mischung in einer Metallschüssel über dem 90° heißen Wasserbad 30–40 Min. mit dem Silikonspatel rühren, bis sie cremig und dick ist. Die Temperatur mit dem Zuckerthermometer messen (Bild 3). Die Creme ist fertig, wenn sie 82° heiß ist.

4 Das Passionsfrucht-Curd vom Wasserbad nehmen und bis 1 cm unter den Rand in die vorbereiteten Gläser füllen. Gläser sofort verschließen, auf den Deckeln stehend 5 Min. abkühlen lassen, dann umdrehen. Die Gläser im Kühlschrank aufbewahren.

TIPP Wer keine frischen Passionsfrüchte bekommt, kann auf TK-Passionsfruchtmark aus dem Internetversand zurückgreifen. Es ist mindestens genauso aromatisch und dabei deutlich günstiger!

BANANENKONFITÜRE

1 Bio-Limette | 2 Bio-Zitronen | 1,5 kg Bananen |
500 g Gelierzucker 2:1 (am besten in Bio-
Qualität)

Hoher Suchtfaktor!

Für 7 Gläser à 210 ml | 40 Min. Zubereitung |
12 Std. Ziehen | ca. 1 Jahr haltbar
Pro 20 g ca. 40 kcal, 0 g E, 0 g F, 9 g KH

1 Limette und Zitronen heiß abwaschen, abtrocknen, die Schale fein abreiben. Früchte halbieren
und auspressen, Saft und Schale mit 250 ml Wasser in einen großen Topf geben. Bananen schälen,
in Stücke schneiden und dazugeben. Gelierzucker
unterrühren. Zugedeckt über Nacht ziehen lassen,
dann mit dem Stabmixer leicht anpürieren.

2 Den Konfitüreansatz zum Kochen bringen und
unter ständigem Rühren 4–5 Min. bei mittlerer
Hitze sprudelnd kochen lassen. Vorsicht, Konfitüre
setzt leicht an!

3 Eine Gelierprobe machen (siehe S. 7). Die fertige Konfitüre in Gläser füllen und verschließen.
Die Gläser zuerst 5 Min. auf den Deckeln stehend,
dann richtig herum abkühlen lassen.

TIPP

Für eine exotische Bananen-Mango-Konfitüre
die Limette, die Zitronen und 750 g Bananen
wie oben beschrieben vorbereiten. 2 sehr reife
Mangos schälen, das Fruchtfleisch vom Stein
lösen und in Würfel schneiden. 700 g Mango-
Fruchtfleisch mit 700 g Gelierzucker 2:1 und
200 ml Wasser zum Konfitüre-Ansatz geben
und wie im Rezept beschrieben fertigstellen.

ROSA GRAPEFRUIT MIT APEROL

2,5 kg Rosa Grapefruits | 1,2 kg Gelier-
zucker 1:1 | 1 Bourbon-Vanilleschote |
100 ml Aperol

Edles Mitbringsel

Für 12 Gläser à 210 ml | 1 Std. Zubereitung |
12 Std. Ziehen | ca. 1 Jahr haltbar
Pro 20 g ca. 45 kcal, 0 g E, 0 g F, 11 g KH

1 Grapefruits mitsamt der weißen Haut schälen,
austretenden Saft auffangen. Die Filets aus den
Spalten schneiden. 1,4 kg von Fruchtfleisch und
Saft abwiegen, in einen großen Topf geben und
den Gelierzucker unterrühren. Zugedeckt über
Nacht ziehen lassen.

2 Die Vanilleschote mit einem scharfen, spitzen
Messer längs aufschneiden und das Mark herausschaben. Den Aperol zur Frucht-Zucker-Mischung

geben und unterrühren. Den Konfitüreansatz zum
Kochen bringen und bei mittlerer Hitze 4–5 Min.
sprudelnd kochen lassen.

3 Die fertige Konfitüre abschäumen, Vanillemark
unterrühren und kurz mitkochen. Die fertige Konfitüre kochend heiß in die vorbereiteten Gläser füllen. Gläser sofort verschließen, auf den Deckeln
stehend 5 Min. abkühlen lassen, dann umdrehen.

TIPP

Köstlich schmeckt auch eine Konfitüre mit ge-
mischten Zitrusfrüchten. Dafür je 1 kg Zitronen,
Orangen und Grapefruits filetieren und 1,4 kg
abwiegen. Daraus wie oben beschrieben eine
Konfitüre kochen, zum Schluss anstelle von
Aperol 100 ml Limoncello zur Konfitüre geben.

ZITRONEN-CLEMENTINEN-MARMELADE

Frisch und aromatisch ist sie, die Zitrusmarmelade. Ihre wichtigste Zutat ist die Schale der Zitrusfrüchte, fein geschnitten und ohne das bittere Weiße daran.

700 g Bio-Zitronen
700 g Bio-Clementinen
300 ml Zitronensaft
1,2 kg Gelierzucker 1:1

Schön säuerlich

Für 10 Gläser à 210 ml |
1½ Std. Zubereitung |
1 Std. Kochen |
12 Std. Ziehen |
ca. 1 Jahr haltbar
Pro 20 g ca. 50 kcal,
0 g E, 0 g F, 12 g KH

1 Zitronen und Clementinen heiß abwaschen und in einen großen Topf geben. Wasser angießen, bis die Früchte gerade bedeckt sind. Alles zum Kochen bringen und zugedeckt bei mittlerer Hitze kochen lassen. Die Clementinen nach 40 Min. herausnehmen und zum Abkühlen in eine Schüssel legen. Die Zitronen weitere 20 Min. kochen, bis sie weich sind.

2 Zitronen zu den Clementinen geben und abkühlen lassen. Den austretenden Saft aufheben. Die erkalteten Zitronen und Clementinen vierteln, mit der Schale nach unten auf ein Brett legen. Mit einem großen Messer das Fruchtfleisch und das Weiße flach von der Schale schneiden und in ein Sieb geben, den Saft in einer Schüssel auffangen.

3 Die Zitronen- und Clementinenschalen übereinanderstapeln und quer in sehr schmale Streifen schneiden. Vom ausgetretenen und abgetropften Saft 300 ml abmessen, mit den Zitrusschalenstreifen und dem frischen Zitronensaft mischen und abwiegen. Sollte das Gesamtgewicht 1 kg nicht erreichen, entsprechend mit Wasser auffüllen. Den Gelierzucker unterrühren und die Mischung zugedeckt über Nacht durchziehen lassen.

4 Am nächsten Tag den Marmeladenansatz zum Kochen bringen und 5 Min. bei mittlerer Hitze sprudelnd kochen lassen. Die Marmelade abschäumen, die Gelierprobe machen (siehe S. 7). Die fertige Marmelade bis 1 cm unter den Rand in die vorbereiteten Gläser füllen. Gläser sofort verschließen, auf den Deckeln stehend 5 Min. abkühlen lassen, dann umdrehen.

BITTERORANGENMARMELADE

Die Herstellung dieses Marmeladenklassikers kann ziemlich aufwändig und zeitraubend oder, wie in diesem Rezept, schön schnell erledigt sein.

1 kg Bio-Bitter-
orangen (Pomeranzen)
10 Saftorangen
1,5 kg Gelierzucker 1:1

Very british!

Für 12 Gläser à 210 ml |
45 Min. Zubereitung |
40 Min. Kochen |
ca. 1 Jahr haltbar
Pro 20 g ca. 55 kcal,
0 g E, 0 g F, 13 g KH

1 Die Bitterorangen waschen, dabei mit der Gemüsebürste säubern und mit einem Sparschäler dünn schälen. Die Schalen in einen Topf geben, knapp mit Wasser bedecken und zugedeckt bei mittlerer Hitze in 30–40 Min. weich kochen. Die Schalen im Sud abkühlen lassen.

2 Geschälte Bitterorangen und Saftorangen halbieren, auspressen und den Saft durch ein feines Sieb gießen. Saft und Schalen auf 1,2 kg abwiegen, falls nötig mit Wasser auffüllen. Zusammen mit dem Gelierzucker in einen großen Topf geben und aufkochen lassen. Dann mit dem Stabmixer pürieren.

3 Die Marmelade bei mittlerer Hitze unter gelegentlichem Rühren 3–4 Minuten sprudelnd kochen lassen. Falls nötig abschäumen und eine Gelierprobe machen (siehe S. 7). Die Marmelade bis 1 cm unter den Rand in die vorbereiteten Gläser füllen. Gläser sofort verschließen, auf den Deckeln stehend 5 Min. abkühlen lassen, dann umdrehen.

TIPP Bitterorangen, auch als Pomeranzen bezeichnet, werden vor allem auf Sizilien, Mallorca und auf dem spanischen Festland angebaut. Es gibt sie etwa von Dezember bis Mitte Februar. Man bekommt sie mit etwas Glück im gut sortierten Bioladen, beim spezialisierten Gemüsehändler oder über das Internet. Beim Einkauf darauf achten, dass die Früchte nicht gespritzt sind, da ihre Schale mit verarbeitet wird.

KARAMELL MIT FLEUR DE SEL

Köstlich süß wie Karamellbonbons und ganz zart: Diese Creme adelt nicht nur jedes Frühstücks-Baguette, sondern auch Torten, Gebäck und raffinierte Desserts.

450 g Butter
600 g Zucker
400 g Sahne
Salz
1 TL Fleur de Sel

Für Naschkatzen

Für 6 Gläser à 210 ml |
30 Min. Zubereitung |
gekühlt ca. 8 Wochen haltbar
Pro 20 g ca. 110 kcal,
0 g E, 8 g F, 10 g KH

1 Alle Zutaten abwiegen und bereitstellen, Gläser vorbereiten. Die Butter in etwa 20 g große Stücke schneiden. Den Zucker in einen breiten Topf geben und stark erhitzen.

2 Den Zucker schmelzen und mittel- bis dunkelbraun karamellisieren lassen (Bild 1). Nur rühren, falls der Zucker an verschiedenen Stellen unterschiedlich dunkel karamellisiert. Darauf achten, dass der Zucker nicht zu dunkel und bitter wird!

3 Die Sahne in zwei Portionen unter die Karamellmasse rühren (Bild 2). Vorsicht: Es kann stark spritzen und dampfen! Nach und nach die Butter und 1 Prise Salz unterrühren (Bild 3).

4 Die Karamellcreme unter Rühren aufkochen. Kochend heiß bis 1 cm unter den Rand in die vorbereiteten Gläser füllen. Auf die Oberfläche in jedem Glas einen Teil des Fleur de Sel streuen und die Gläser sofort verschließen. Abkühlen lassen und im Kühlschrank aufbewahren.

TIPP Sehr fein schmeckt diese Karamellcreme auch, wenn man zusätzlich zum Fleur de Sel noch einige fein gehackte Rosmarinnadeln auf die Oberfläche streut. Man kann die Creme auch mit sehr fein gemahlenem Kaffeepulver oder wenigen Tropfen naturreinem Pfefferminzöl aromatisieren. Oder – der Gipfel des Karamellcreme-Genusses – in grobe Stücke gehackte, geröstete und gesalzene Erdnüsse oder gehackte Pecannüsse mit untermischen. Wer sich nicht entscheiden kann: Einfach jedes Glas anders aromatisieren!

ANANAS-CHILI-CONFIT

1,5 kg Ananas | 2 Bio-Limetten | 100 ml Zitronensaft | 1 TL Salz | 500 g Gelierzucker 2:1 (am besten in Bio-Qualität) | 150 g rote Chilischoten

Mit ordentlich Feuer!

Für 8 Gläser à 210 ml | 45 Min. Zubereitung | 12 Std. Ziehen | ca. 1 Jahr haltbar
Pro 20 g ca. 30 kcal, 0 g E, 0 g F, 7 g KH

1 Die Ananas schälen, den harten Strunk entfernen. Das Fruchtfleisch in Stücke schneiden, 1 kg abwiegen und in einen großen Topf geben.

2 Die Limetten heiß abwaschen, abtrocknen und die Schale fein abreiben. Limetten halbieren und auspressen. Schale und Saft mit Zitronensaft, Salz und Gelierzucker zur Ananas geben, über Nacht ziehen lassen.

3 Chilis waschen, putzen und quer in schmale Streifen schneiden. Ananasmischung mit dem Stabmixer anpürieren und zum Kochen bringen. Bei mittlerer Hitze unter Rühren 4–5 Min. sprudelnd kochen lassen. Chilistreifen zugeben und weitere 2–3 Min. kochen.

4 Die Gelierprobe machen (siehe S. 7): Das Confit sollte noch weich sein. Das fertige Confit kochend heiß in die vorbereiteten Gläser füllen. Gläser sofort verschließen, auf den Deckeln stehend 5 Min. abkühlen lassen, dann umdrehen.

SCHALOTTENCONFIT

1 kg Schalotten | 300 ml roter Portwein | 1 Bio-Orange | Salz | ½ TL gemahlener schwarzer Pfeffer | 1 TL gemahlener Piment | 150 ml Aceto balsamico | 300 g Gelierzucker 2:1 (am besten in Bio-Qualität)

Zu Steaks und Burgern

Für 8 Gläser à 210 ml | 1 Std. Zubereitung | ca. 1 Jahr haltbar
Pro 20 g ca. 35 kcal, 0 g E, 0 g F, 7 g KH

1 Schalotten schälen und in dünne Scheiben schneiden. Mit Portwein und 300 ml Wasser in einen Topf geben. Orange heiß abwaschen, abtrocknen, Schale fein abreiben, Saft auspressen. Mit Salz, Pfeffer und Piment zu den Schalotten geben.

2 Schalotten zugedeckt bei mittlerer Hitze in 50 Min. weich kochen, abkühlen lassen. Aceto balsamico und Gelierzucker zu den Schalotten geben, mit Salz, Pfeffer und Piment abschmecken.

3 Alles aufkochen, 4–5 Min. sprudelnd kochen lassen. Gelierprobe machen (siehe S. 7) und das Confit kochend heiß in die vorbereiteten Gläser füllen. Gläser sofort verschließen, auf den Deckeln stehend 5 Min. abkühlen lassen, dann umdrehen.

TIPP

Für mehr Frucht nur 500 g Schalotten vorbereiten. Zusätzlich 600 g Zwetschgen waschen, putzen, entsteinen und in 2 cm große Stücke schneiden. 100 g Rosinen 10 Min. in schwarzem Tee einweichen, abtropfen lassen und mit Schalotten und Zwetschgen wie oben beschrieben 30 Min. kochen und fertigstellen. Wer es fruchtig, aber nicht so süß mag, gibt nur 250 g Gelierzucker 2:1 zum Confit.

REGISTER

Damit Sie Rezepte mit bestimmten Zutaten noch schneller finden, sind in diesem Register auch beliebte Zutaten wie **Erdbeere** oder **Zimt** alphabetisch eingeordnet und hervorgehoben. Darunter finden Sie das Rezept Ihrer Wahl.

© 2017 GRÄFE UND UNZER VERLAG GmbH, München
Alle Rechte vorbehalten. Nachdruck, auch auszugsweise, sowie die Verbreitung durch Film, Funk, Fernsehen und Internet, durch fotomechanische Wiedergabe, Tonträger und Datenverarbeitungssysteme jeglicher Art nur mit schriftlicher Genehmigung des Verlages.

Projektleitung: Jessica Kleppel, Stefanie Poziombka
Lektorat: Margarethe Brunner
Korrektorat: Susanne Elbert
Innen- und Umschlaggestaltung: independent Medien-Design, Horst Moser, München
Herstellung: Renate Hutt
Satz: Kösel, Krugzell
Reproduktion: Repro Ludwig, Zell am See
Druck und Bindung:
Schreckhase, Spangenberg
Syndication:
www.seasons.agency
Printed in Germany

1. Auflage 2017
ISBN 978-3-8338-5886-4

www.facebook.com/gu.verlag

GRÄFE UND UNZER

Ein Unternehmen der
GANSKE VERLAGSGRUPPE

Die Autorin

Petra Casparek ist Autorin zahlreicher Kochbücher und Kochdozentin in München. Für dieses Buch hat sie süße und herzhafte Neukreationen mit dem gewissen Pfiff entwickelt. Und ganz nebenbei ihren Vorratsschrank fürs nächste Jahr aufgefüllt.

Die Fotografin

Anke Schütz fotografiert für namhafte Redaktionen und Buchverlage Food und Lifestyle. Mit viel Liebe hat sie die Marmeladen mit **Diane Dittmer** (Foodstyling), **Kirsten Petersen** und **Tania Schulz** (Assistenz) eingekocht, verpackt und abgelichtet.

Bildnachweis

Autorenfoto: Fotos mit Geschmack, Titelfoto: Wolfgang Schardt, alle anderen Fotos: Anke Schütz

Titelrezepte

oben: Melonenkonfitüre (S. 22), Mitte: Schwarze Johannisbeere mit Lorbeer (S. 26), unten: Erdbeerkonfitüre mit Tahiti-Vanille (S. 12)

Umwelthinweis:

Dieses Buch ist auf PEFC-zertifiziertem Papier aus nachhaltiger Waldwirtschaft gedruckt.

Liebe Leserin, lieber Leser,

haben wir Ihre Erwartungen erfüllt? Sind Sie mit diesem Buch zufrieden? Haben Sie weitere Fragen zu diesem Thema? Wir freuen uns auf Ihre Rückmeldung, auf Lob, Kritik und Anregungen, damit wir für Sie immer besser werden können.

GRÄFE UND UNZER Verlag
Leserservice
Postfach 86 03 13
81630 München
E-Mail:
leserservice@graefe-und-unzer.de

Telefon: 00800 / 72 37 33 33*
Telefax: 00800 / 50 12 05 44*
Mo–Do: 9.00 – 17.00 Uhr
Fr: 9.00 – 16.00 Uhr
(* gebührenfrei in D, A, CH)

Ihr GRÄFE UND UNZER Verlag
Der erste Ratgeberverlag – seit 1722.

Backofenhinweis:

Die Backzeiten können je nach Herd variieren. Die Temperaturangaben in unseren Rezepten beziehen sich auf das Backen im Elektroherd mit Ober- und Unterhitze und können bei Gasherden oder Backen mit Umluft abweichen. Details entnehmen Sie bitte Ihrer Gebrauchsanweisung.

Appetit auf mehr?

1 BROT – 50 AUFSTRICHE
Das Beste kommt obendrauf

ISBN 978-3-8338-4125-5

Alles hausgemacht

ISBN 978-3-8338-2049-6

Einmachen & Fermentieren

ISBN 978-3-8338-5650-1

Salate
DIE BESTEN 50 REZEPTE

Laden im App Store

BROT BACKEN
Wie das aus dem Ofen duftet

ISBN 978-3-8338-4462-1

PRALINEN & KONFEKT
Immer eine Sünde wert

ISBN 978-3-8338-4464-5

 Alle hier vorgestellten Bücher
sind auch als eBook erhältlich.

Mehr von GU auf **www.gu.de** und
facebook.com/gu.verlag

G|U

Willkommen im Leben.

EXPRESS-MARMELADEN

Zwischen Aufwachen und Tischdecken noch eben selbst gemacht, hier sind sie,
die blitzschnellen Marmeladenkreationen!

FEIN GEWÜRZTE PREISELBEERKONFITÜRE

Für 3 Gläser à 210 ml: 250 g frische Preiselbeeren
abbrausen, abtropfen lassen. Die Beeren, 250 ml
naturtrüben Apfelsaft, 50 ml Zitronensaft und
300 g braunen Gelierzucker 2:1 in einen Topf geben und verrühren. 1 Sternanis und 1 Zimtstange
dazugeben. Alles aufkochen und bei mittlerer Hitze
sprudelnd 4–5 Min. kochen lassen. Konfitüre nach
Bedarf abschäumen, Gelierprobe machen, Gewürze entfernen. Konfitüre kochend heiß in die
Gläser füllen und verschließen. Zuerst 5 Min. auf
den Deckeln stehend, dann richtig herum abkühlen
lassen. Ungeöffnet etwa 1 Jahr haltbar.

SUPERSCHNELLE HEIDELBEERKONFITÜRE

Für 4 Gläser à 210 ml: 200 g Heidelbeeren abbrausen, abtropfen lassen. 1 Bio-Zitrone heiß abwaschen und die Schale sehr fein abreiben, Saft
auspressen. 330 ml Heidelbeer-Muttersaft (Bioladen, Reformhaus), 50 ml Zitronensaft, 50 ml Wasser und 350 g braunen Gelierzucker 2:1 in einen
Topf geben und aufkochen. 4 Min. sprudelnd kochen lassen, Beeren und Zitronenschale dazugeben und weitere 3 Min. kochen. Gelierprobe machen und die fertige Konfitüre in Gläser füllen.
Gläser verschließen, 30 Min. auf den Deckeln
stehend, dann richtig herum abkühlen lassen.